Impressum
Verlag: BABADADA GmbH, Nedderfeld 112 , 22529 Hamburg
Geschäftsführer / Verlagsleitung: Harald Hof
Druck: Books on Demand GmbH, In de Tarpen 42, 22848 Norderstedt

Imprint
Publisher: BABADADA GmbH, Nedderfeld 112 , 22529 Hamburg, Germany
Managing Director / Publishing direction: Harald Hof
Print: Books on Demand GmbH, In de Tarpen 42, 22848 Norderstedt

colegio
Schuel

aula
Klassezimmer

dividir
dividiere

pizarrón
Taflä

patio de escuela
Pauseplatz

maestro
Lehrer

papel
Papier

escribir
schribe

birome
Stift

escritorio
Schribtisch

regla
Lineal

libro
Buech

alumno
Schüeler

mochila
Thek

caja de lápices
Etui

lápiz
Bleistift

sacapuntas
Spitzer

goma (de borrar)
Radiergummi

bloc de dibujo
Zeicheblock

dibujo

Zeichnig

pincel

Pinsel

caja de pinturas

Malchaschte

tijera

Schär

pegamento

Liim

cuaderno de ejercicios

Üebigsheft

tarea

Huusufgabe

12

número

Zahl

2+2

sumar

addiere

5-2

restar

subtrahiere

2×2

multiplicar

multipliziere

calcular

rächne

A

letra

Buechstabe

ABCDEFG HIJKLMN OPQRSTU VWXYZ

abecedario

Alphabet

hello

palabra

Wort

texto

Text

leer

läse

tiza

Kriide

lección

Lektion

cuaderno de clase

Klassäbuech

examen

Prüefig

certificado

Zügnis

uniforme escolar

Schueluniform

educación

Usbildig

enciclopedia

Enzyklopädie

universidad

Universität

microscopio

Mikroskop

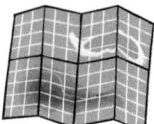

mapa

Charte

tacho (de basura)

Papierchorb

4

colegio - Schuel

viaje
Reis

hotel
Hotel
Grand
hostel
Härbärg
ROOMS
casa de cambio
Wächselstube
valija
Koffer
auto
Auto

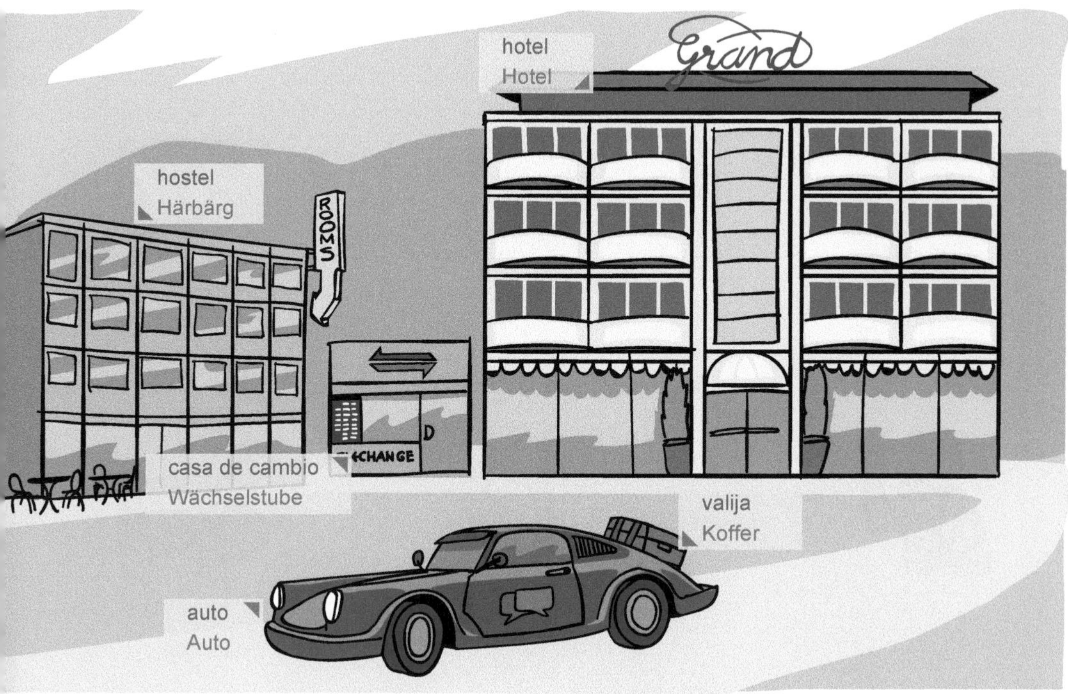

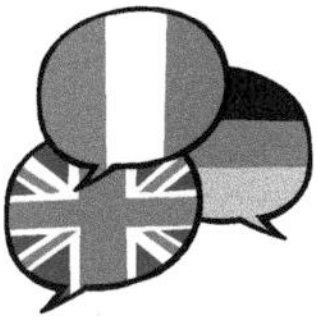

idioma

Sprach

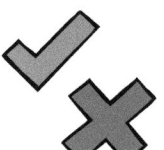

sí / no

jo / nei

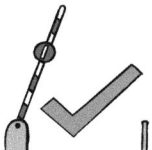

Está bien

okay

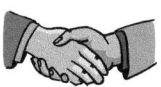

hola

Hallo

traductor

Dolmetscher

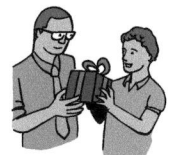

Gracias

Dankä

¿cuánto cuesta…?

Was chostet…?

No entiendo

Ich vrstahs nöd

problema

Problem

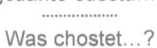

¡Buenas tardes!

Guete Abig!

¡Buenos días!

guete Morgä!

¡Buenas noches!

guete Abig!

adiós

Uf Wiederseh

dirección

Richtig

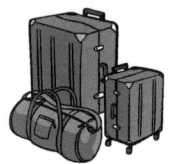

equipaje

Bagaasch

bolso

Täsche

mochila

Rucksack

invitado

Gast

habitación

Ruum

bolsa de dormir

Schlafsack

carpa

Zält

información turística

Touristeninformation

playa

Strand

tarjeta de crédito

Kreditkarte

desayuno

Zmorge

almuerzo

Zmittag

cena

Znacht

pasaje

Billet

ascensor

Ufzug

sello

Briefmarke

frontera

Gränze

aduana

Zoll

embajada

Botschaft

visa

Visum

pasaporte

Pass

transporte

Transport

avión
Flugzüg

barco
Schiff

autobomba
Füürwehr

colectivo
Bus

camión
Lastwage

lancha a motor
Motorboot

bicicleta
Velo

auto
Auto

ferry
Fähri

bote
Boot

moto
Töff

patrullero
Polizeiauto

auto de carreras
Rännauto

auto de alquiler
Mietwage

alquiler de autos

Carsharing

grúa

Abschleppwage

camión de basura

Chübelwage

motor

Motor

nafta

Benzin

estación de servicio

Tankstell

señal de tránsito

Verkehrsschild

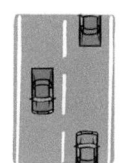

tránsito

Verchehr

embotellamiento

Stau

estacionamiento

Parkplatz

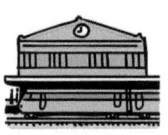

estación de tren

Bahnhof

vías

Schiene

tren

Zug

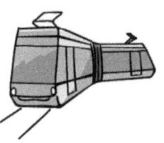

tranvía

Strassebahn

vagón

Wagon

helicóptero

Helikopter

aeropuerto

Flughafe

torre

Tower

pasajero

Passagier

contenedor

Container

caja de cartón

Karton

carretilla

Chare

canasta

Korb

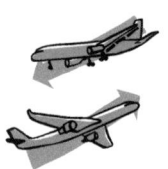

despegar / aterrizar

starte / lande

ciudad

Stadt

pueblo

Dorf

centro de ciudad

Stadtzentrum

casa

Huus

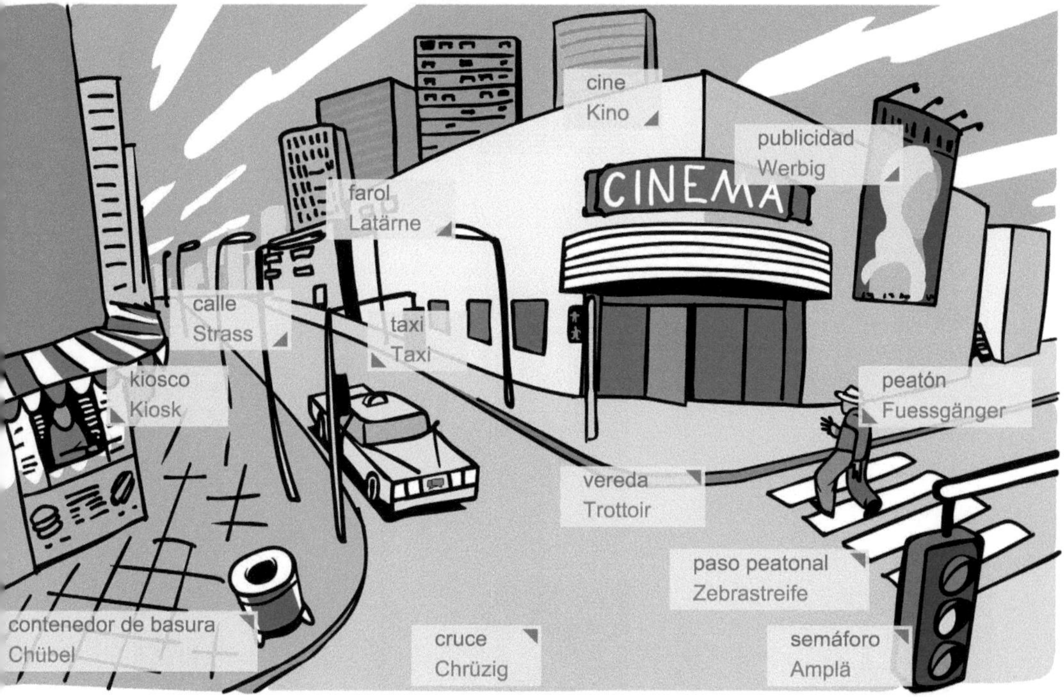

cine
Kino

publicidad
Werbig

farol
Latärne

CINEMA

calle
Strass

taxi
Taxi

peatón
Fuessgänger

kiosco
Kiosk

vereda
Trottoir

paso peatonal
Zebrastreife

contenedor de basura
Chübel

cruce
Chrüzig

semáforo
Amplä

cabaña	departamento	estación de tren
Hütte	Wohnig	Bahnhof

cabaña
Hütte

departamento
Wohnig

estación de tren
Bahnhof

municipalidad
Gmeindshuus

museo
Museum

colegio
Schuel

ciudad - Stadt   11

universidad

Universität

banco

Bank

hospital

Spital

hotel

Hotel

farmacia

Apotheke

oficina

Büro

librería

Buechgschäft

negocio

Gschäft

florería

Bluemelade

supermercado

Läbensmittellade

mercado

Märt

grandes tiendas

Chaufhuus

pescadería

Fischhändler

centro comercial

Iihkaufszentrum

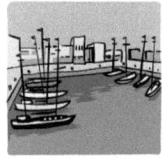

puerto

Hafe

parque

Park

banco

Bank

puente

Brugg

escaleras

Stäge

subte

U-Bahn

túnel

Tunnell

parada del colectivo

Bushaltestell

bar

Bar

restaurante

Restaurant

buzón

Briefchastä

letrero

Strasseschild

parquímetro

Parkuhr

zoológico

Zolli

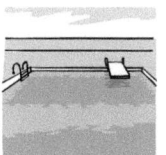

pileta

Badi

mezquita

Moschee

granja

Buurehof

contaminación

Umwältvrschmutzig

cementerio

Fridhof

iglesia

Chile

juegos infantiles

Spielplatz

templo

Tämpel

paisaje
Landschaft

hoja
Blatt

poste indicador
Wägwiiser

camino
Wäg

pradera
Wise

piedra
Stei

árbol
Baum

excursionista
Wanderer

río
Fluss

hierba
Gras

flor
Bluamä

valle

Tal

montaña

Bärg

lago

See

bosque

Wald

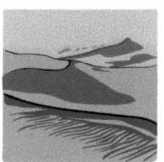

desierto

Wüeschti

volcán

Vulkan

castillo

Schloss

arco iris

Rägeboge

champiñón

Pilz

palmera

Palme

mosquito

Moskito

mosca

Fliege

hormiga

Ameise

abeja

Biendli

araña

Spinne

escarabajo

Chäfer

rana

Frosch

ardilla

Eichhörnli

erizo

Igel

liebre

Haas

lechuza

Üle

pájaro

Vogu

cisne

Schwan

jabalí

Wildschwein

ciervo

Hirsch

alce

Elch

presa

Damm

aerogenerador

Windturbine

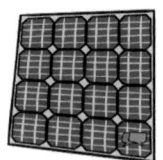

panel solar

Sunnekollektor

clima

Klima

16 paisaje - Landschaft

restaurante
Restaurant

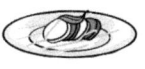

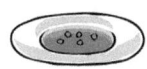

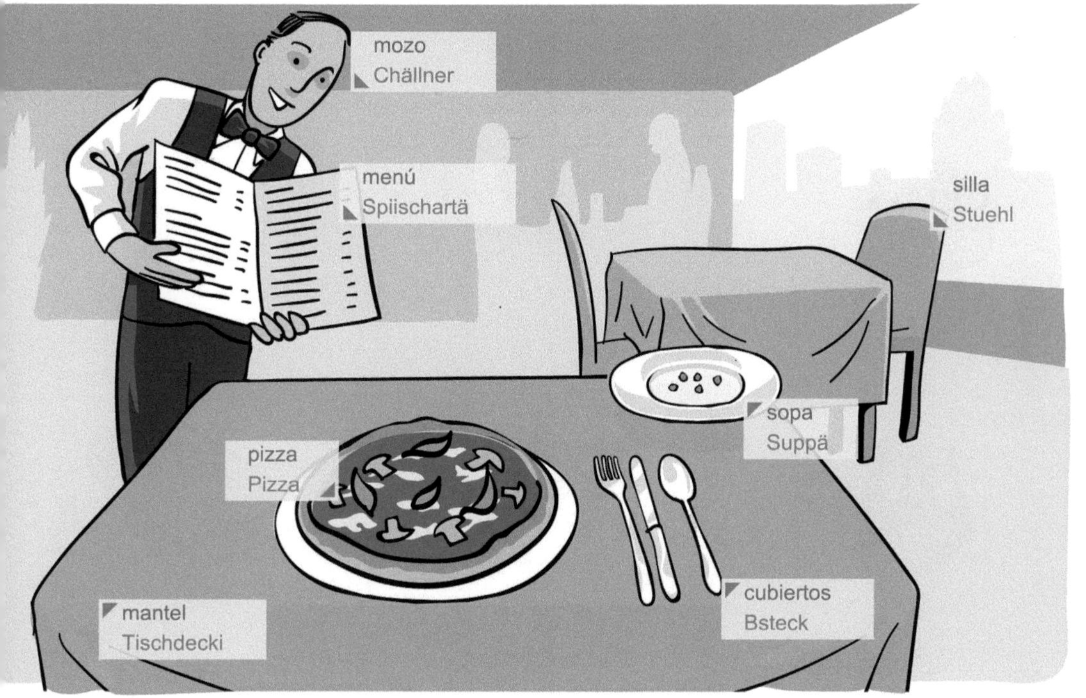
mozo
Chällner
menú
Spiischartä
silla
Stuehl
sopa
Suppä
pizza
Pizza
cubiertos
Bsteck
mantel
Tischdecki

entrada

Vorspiies

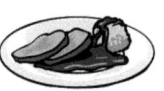

plato principal

Hauptgricht

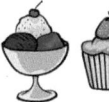

postre

Dessert

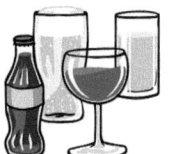

bebidas

Getränk

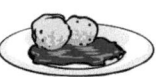

comida

Läbensmittel

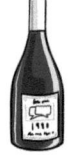

botella

Fläsche

comida rápida

Fast Food

comida callejera

Street Food

tetera

Teechanne

azucarera

Zuckerdosä

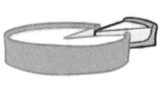

porción

Portion

cafetera expreso

Espressomaschine

sillita alta

Hochstuehl

cuenta

Rächnig

bandeja

Tablett

cuchillo

Mässer

tenedor

Gable

cuchara

Löffel

cucharita

Teelöffel

servilleta

Serviette

vaso

Glas

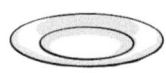

plato

Täller

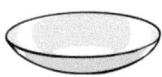

plato hondo

Suppetällär

plato

Untertasse

salsa

Sose

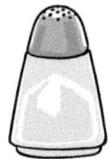

salero

Salzstreuer

molinillo de pimienta

Pfäffermühli

vinagre

Essig

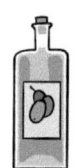

aceite

Öl

especias

Gwürz

kétchup

Ketchup

mostaza

Sänf

mayonesa

Mayonnaise

supermercado

Läbensmittellade

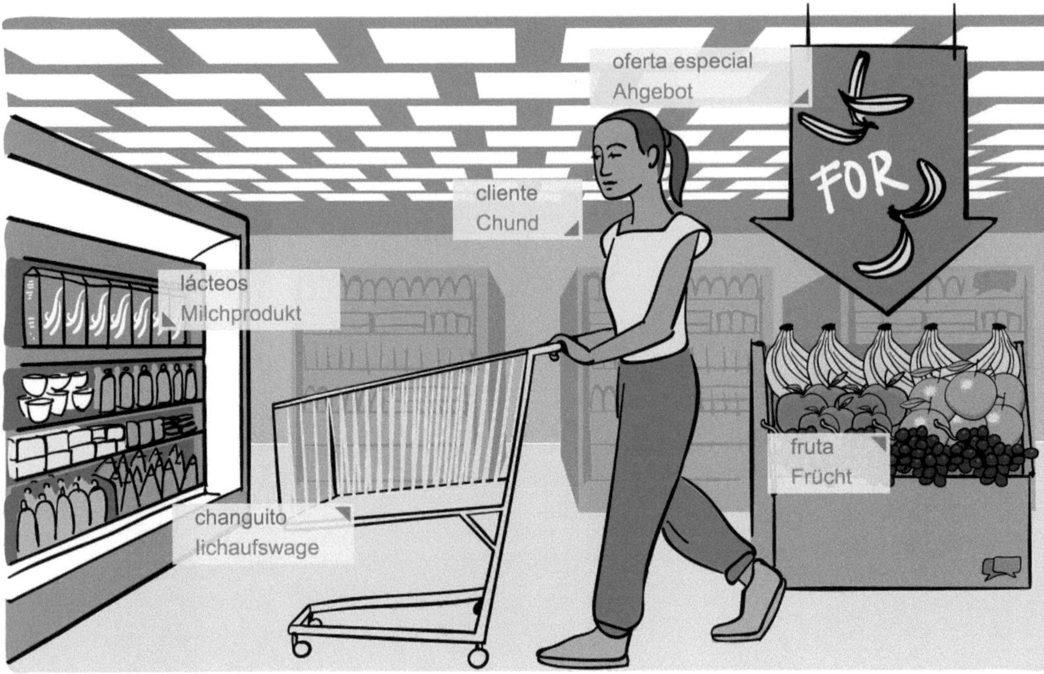

oferta especial
Ahgebot

cliente
Chund

lácteos
Milchprodukt

fruta
Frücht

changuito
Iichaufswage

carnicería

Schlachter

panadería

Beck

pesar

wiege

verduras

Gmües

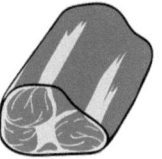

carne

Fleisch

alimentos congelados

Tiefkühlprodukt

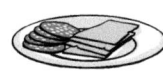

fiambres

Ufschnitt

alimentos enlatados

die Konsärve

detergente en polvo

Wöschmittel

golosinas

Süessigkeite

electrodomésticos

Huushaltartikel

productos de limpieza

Putzmittel

vendedora

Verchäuferin

caja

Kassä

cajero

Kassierer

lista de compras

Ihchaufsliste

horario de atención

Öffnigszite

billetera

das Portemonnaie

tarjeta de crédito

Kreditkarte

cartera

Täsche

bolsa de plástico

Plastiksack

bebidas
Getränk

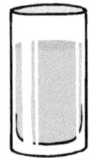

agua

Wasser

jugo

Saft

leche

Milch

bebida cola

Cola

vino

Wii

cerveza

Bier

alcohol

Alkohol

cacao

Ovi

té

Tee

café

Kafi

café expreso

Espresso

cappuccino

Cappuccino

banana

Banane

manzana

Öpfel

naranja

Orange

melón

Melone

limón

Zitrone

zanahoria

Rüebli

ajo

Chnoobli

bambú

Bambus

cebolla

Zwiblä

champiñón

Pilz

nueces

Nüss

fideos

Nudle

tallarines

Spaghetti

arroz

Riis

ensalada

Salat

papas fritas

Pommfrit

papas fritas

Bratherdöpfel

pizza

Pizza

hamburguesa

Hamburgär

sándwich

Sandwich

churrasco

Gotlett

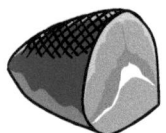

jamón

Schinkä

salame

Salami

salchicha

Würschtli

pollo

Huehn

asado

Bratä

pescado

Fisch

copos de avena

Haferflocke

muesli

Müesli

copos de maíz

Cornflakes

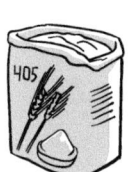

harina

Mähl

medialuna

Gipfeli

pancito

Brötli

pan

Brot

tostada

Toscht

galletitas

Guetzli

manteca

Butter

cuajada

Quark

torta

Chueche

huevo

Ei

huevo frito

Spiegelei

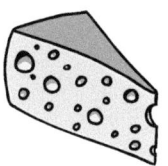

queso

Chäs

helado	azúcar	miel
Glace	Zucker	Honig

mermelada	pasta de chocolate	curry
Gonfi	Nougat-Creme	Curry

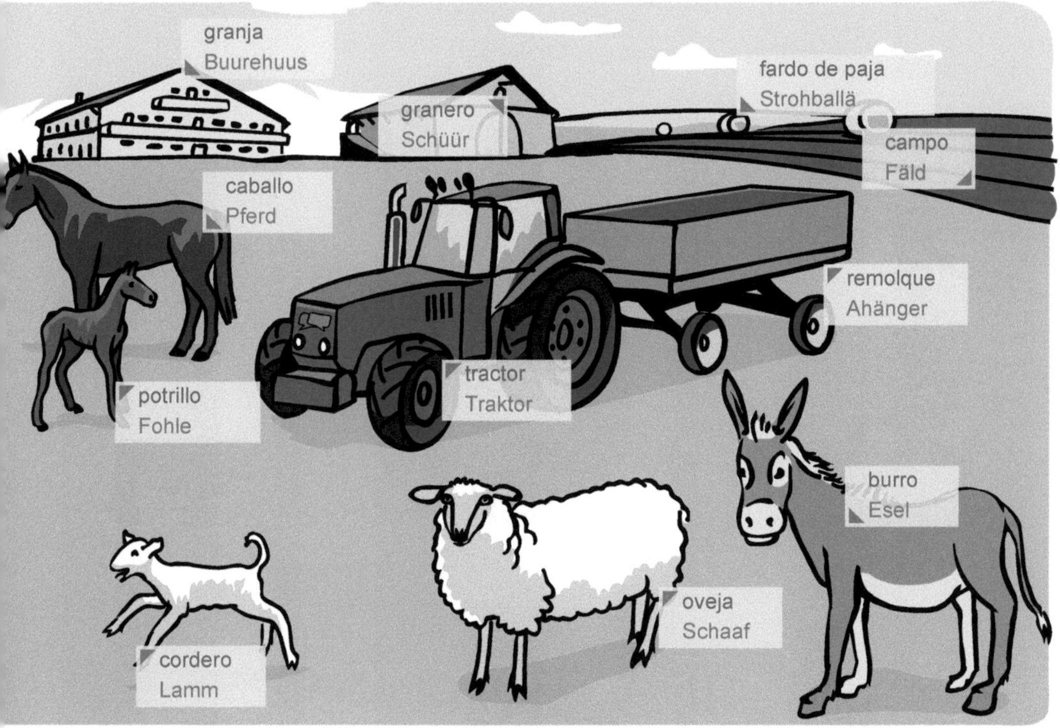

granja
Buurehuus

granero
Schüür

fardo de paja
Strohballä

campo
Fäld

caballo
Pferd

remolque
Ahänger

tractor
Traktor

potrillo
Fohle

burro
Esel

cordero
Lamm

oveja
Schaaf

cabra

Geiss

vaca

Chueh

ternero

Chalb

cerdo

Sau

lechón

Ferkel

toro

Rind

ganso

Gans

pato

Änte

pollo

Küke

gallina

Huähn

gallo

Güggel

rata

Ratte

gato

Chatz

ratón

Muus

buey

Ochse

perro

Hund

cucha

Hundehütte

manguera

Garteschluuch

regadera

Giesschanne

guadaña

Sägese

arado

Pflueg

hoz

Sichel

azada

Hacke

horquilla

Heugable

hacha

Axt

carretilla

Garette

abrevadero

Trog

lechera

Milchchanne

bolsa

Sack

reja

Haag

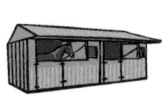

establo

Gadä

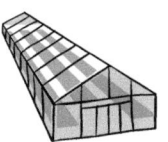

invernadero

Gwächshuus

suelo

Bode

semilla

Soome

fertilizador

Dünger

cosechadora

Mähdrescher

cosechar

ärnte

cosecha

Ärnte

batatas

Yamswurzle

trigo

Weize

soja

Soja

papa

Härdöpfel

maíz

Mais

semilla de colza

Raps

árbol frutal

Obstbaum

mandioca

Maniok

cereales

Getreide

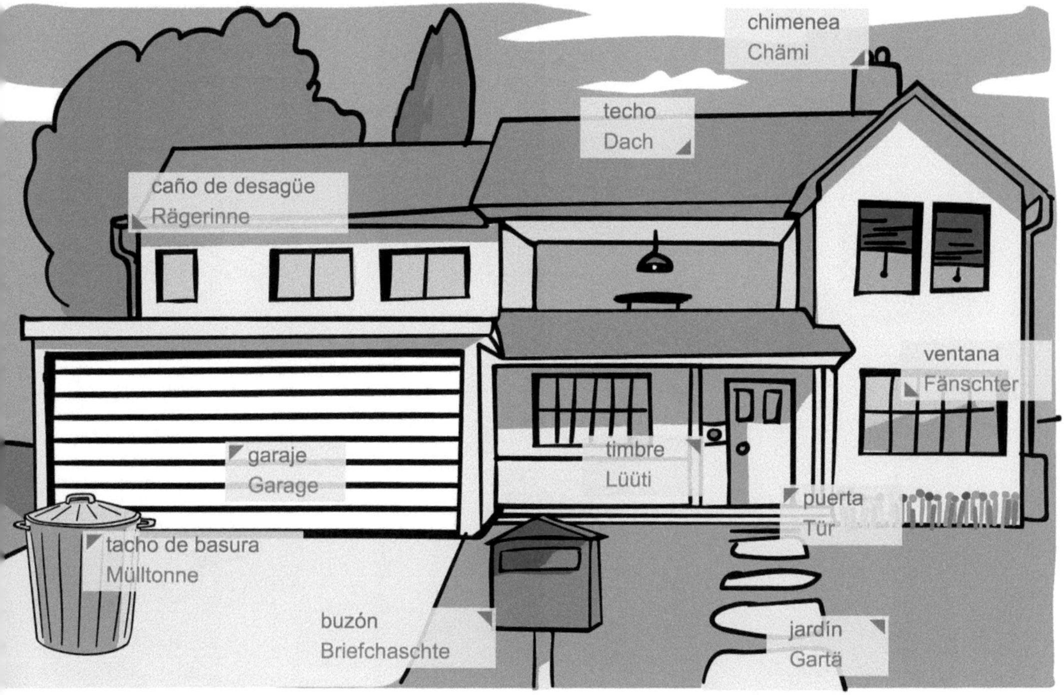

chimenea
Chämi

techo
Dach

caño de desagüe
Rägerinne

ventana
Fänschter

garaje
Garage

timbre
Lüüti

puerta
Tür

tacho de basura
Mülltonne

buzón
Briefchaschte

jardín
Gartä

living
Stubä

baño
Badzimmer

cocina
Chuchi

dormitorio
Schlofzimmer

cuarto de los chicos
Chinderzimmer

comedor
Ässzimmer

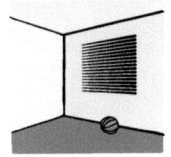

piso

Bodä

pared

Wand

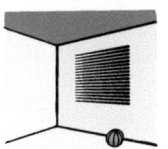

cielorraso

Decki

sótano

Chäller

sauna

Sauna

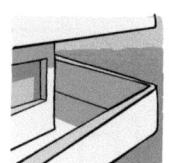

balcón

Balkon

terraza

Terasse

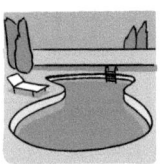

pileta

Pool

cortadora de pasto

Rasemäier

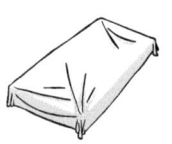

sábana

Bettbezug

acolchado

Bettdecki

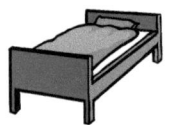

cama

Bett

escoba

Bäse

balde

Chübel

interruptor

Schalter

living
Stubä

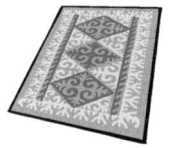

empapelado
Tapete
imagen
Bild
lámpara
Lampä
estante
Regal
armario
Schrank
televisión
Färnseh
chimenea
Kamin
flor
Bluamä
almohadón
Chüssi
sofá
Sofa
florero
Vasä
control remoto
Färnbedienig

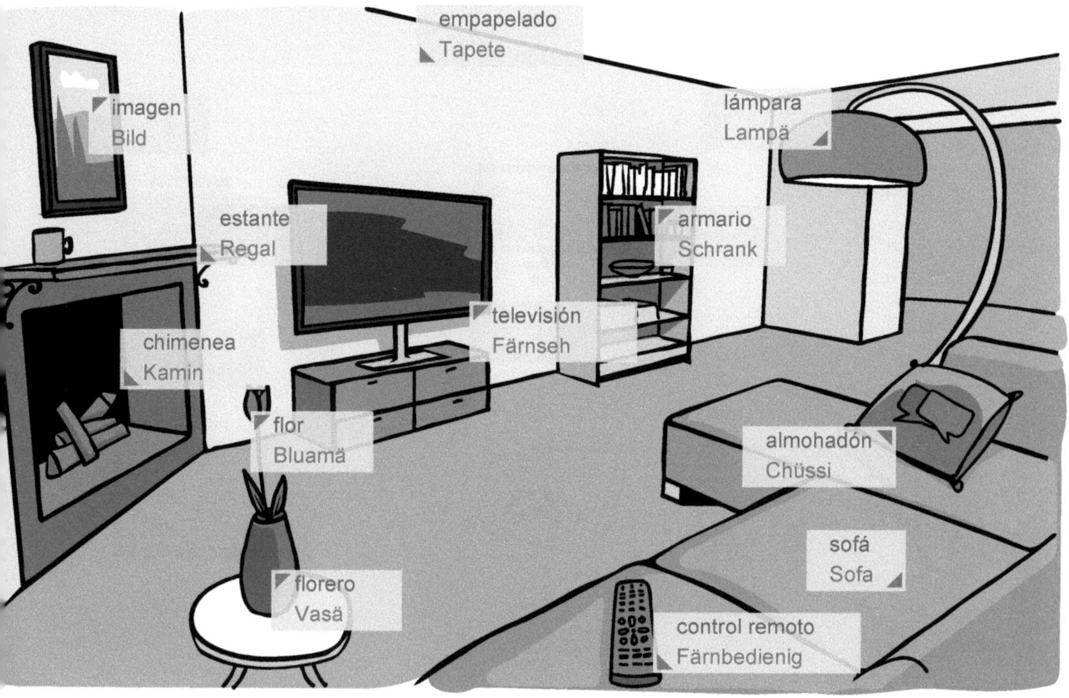

alfombra

Teppich

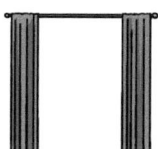

cortina

Vorhang

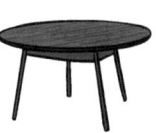

mesa

Tisch

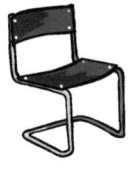

silla

Stuehl

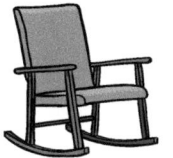

mecedora

Schaukelstuehl

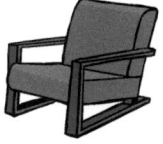

sillón

Sässel

libro

Buech

frazada

Decki

decoración

Dekoration

leña

Füürholz

película

Film

equipo de música

Stereoahlag

llave

Schlüssel

diario

Ziitig

pintura

Bild

póster

Poster

radio

Radio

cuaderno

Notizblock

aspiradora

Staubsuuger

cactus

Kaktus

vela

Chärze

cocina
Chuchi

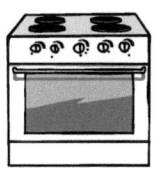

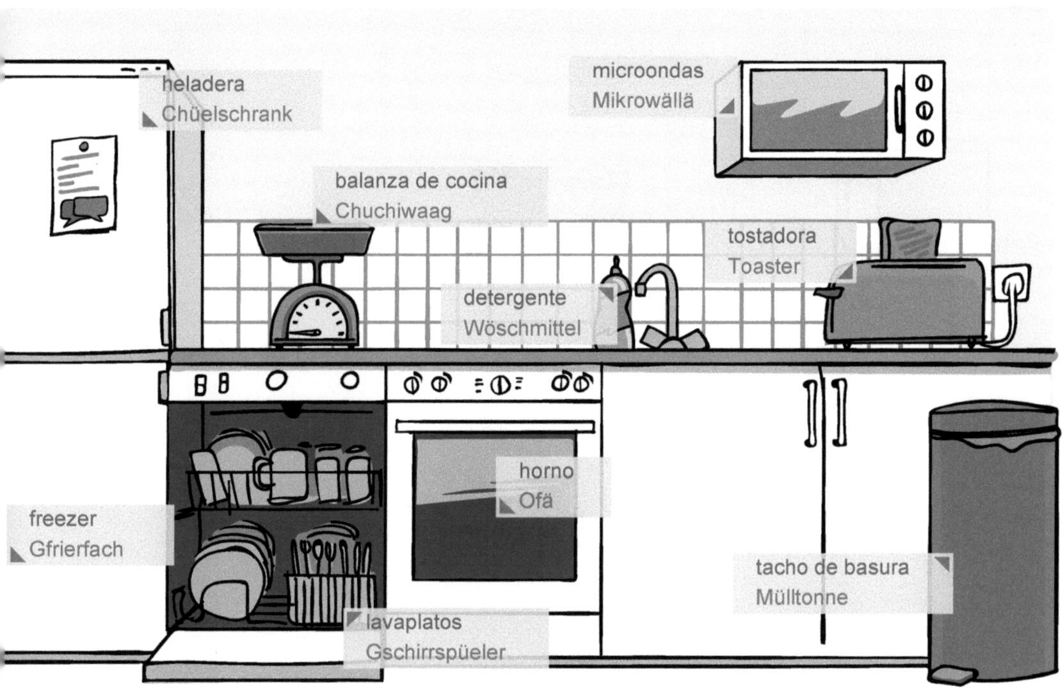
heladera
Chüelschrank
microondas
Mikrowällä
balanza de cocina
Chuchiwaag
tostadora
Toaster
detergente
Wöschmittel
horno
Ofä
freezer
Gfrierfach
tacho de basura
Mülltonne
lavaplatos
Gschirrspüeler

cocina
Härd

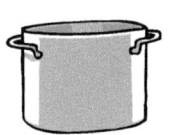

olla
Topf

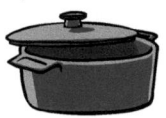

olla de hierro fundido
Isetopf

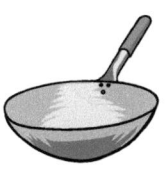

wok
Wok / Kadai

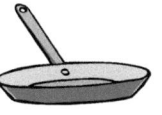

sartén
Pfanne

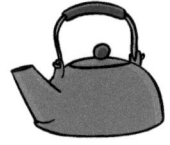

pava
Wasserchocher

vaporera

Dampfer

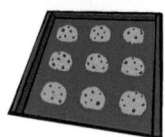

bandeja de horno

Bachbläch

vajilla

Gschirr

taza

Bächer

bol

Schale

palitos

Stäbli

cucharón

Suppechellä

estpátula

Pfannewänder

batidora

Schneebäse

colador

Sieb

colador

Sieb

rallador

Raffle

mortero

Mörser

parrilla

Grill

fogata

Füürstell

cocina - Chuchi

tabla de picar

Schniidbrätt

palo de amasar

Nudelholz

sacacorchos

Korkäzieher

lata

Dosä

abrelatas

Dosäöffner

manopla

Topflappä

pileta

Wöschbecki

cepillo

Bürste

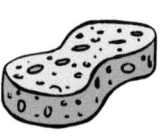

esponja

Schwumm

batidora

Mixer

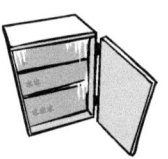

congelador

Gfrierschrank

mamadera

Babyfläschli

canilla

Hahnä

baño
Badzimmer

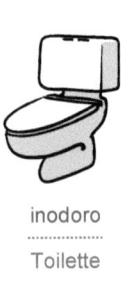

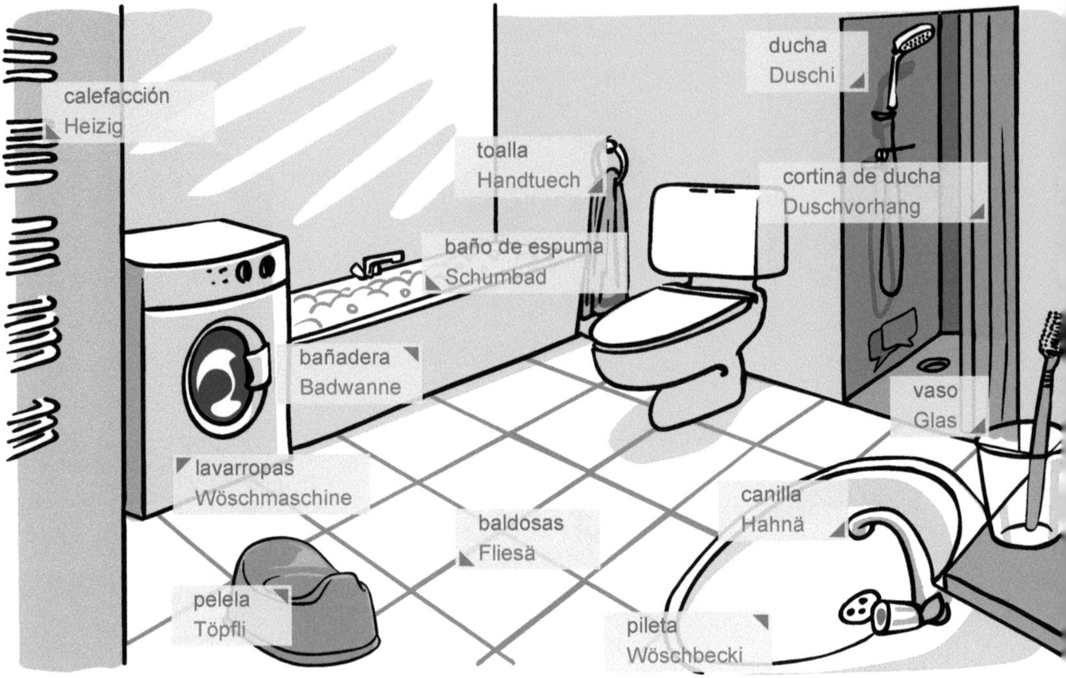

calefacción
Heizig
toalla
Handtuech
ducha
Duschi
cortina de ducha
Duschvorhang
baño de espuma
Schumbad
bañadera
Badwanne
vaso
Glas
lavarropas
Wöschmaschine
canilla
Hahnä
baldosas
Fliesä
pelela
Töpfli
pileta
Wöschbecki

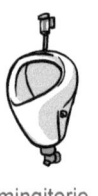

inodoro

Toilette

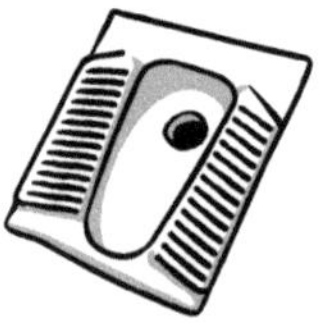

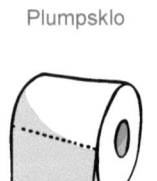

letrina

Plumpsklo

bidé

Bidet

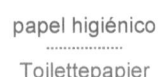

mingitorio

Pissoir

papel higiénico

Toilettepapier

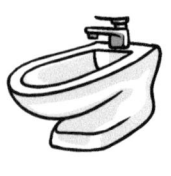

cepillo para el inodoro

Toilettebürschteli

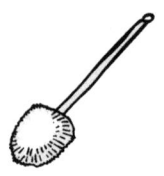

cepillo de dientes

Zahbürstä

dentífrico

Zahpasta

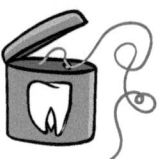

hilo dental

Zahnsiide

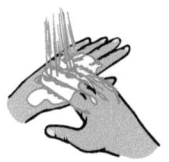

lavar

wäsche

ducha de mano

Handduschi

ducha higiénica

Intiimduschi

palangana

Wöschbecki

cepillo para espalda

Ruggäbürste

jabón

Seifä

gel de ducha

Duschgel

shampoo

Shampoo

toallita

Waschlappä

desagüe

Abfluss

crema

Creme

desodorante

Deo

espejo

Spiegel

espejito

Handspiegel

maquinita de afeitar

Rasierer

espuma de afeitar

Rasierschuum

aftershave

Aftershave

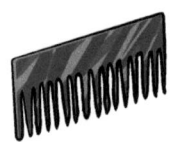

peine

Schträäl

cepillo

Bürstä

secador de pelo

Föhn

spray

Hoorspray

maquillaje

Makeup

lápiz de labios

Lippestift

esmalte para uñas

Nagellack

algodón

Wattä

tijera para uñas

Nagelscher

perfume

Parfum

portacosméticos

Necessaire

banqueta

Schemel

balanza

Waag

bata

Badmantel

guantes de goma

Gummihändscheh

tampón

Tampon

toallita femenina

Damebinde

baño químico

chemischi Toilette

cuarto de los chicos
Chinderzimmer

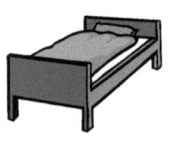

despertador
Wecker
peluche
Kuscheltier
coche de juguete
Spielzügauto
sonajero
Rassle
casa de muñecas
Puppehuus
regalo
Gschänk

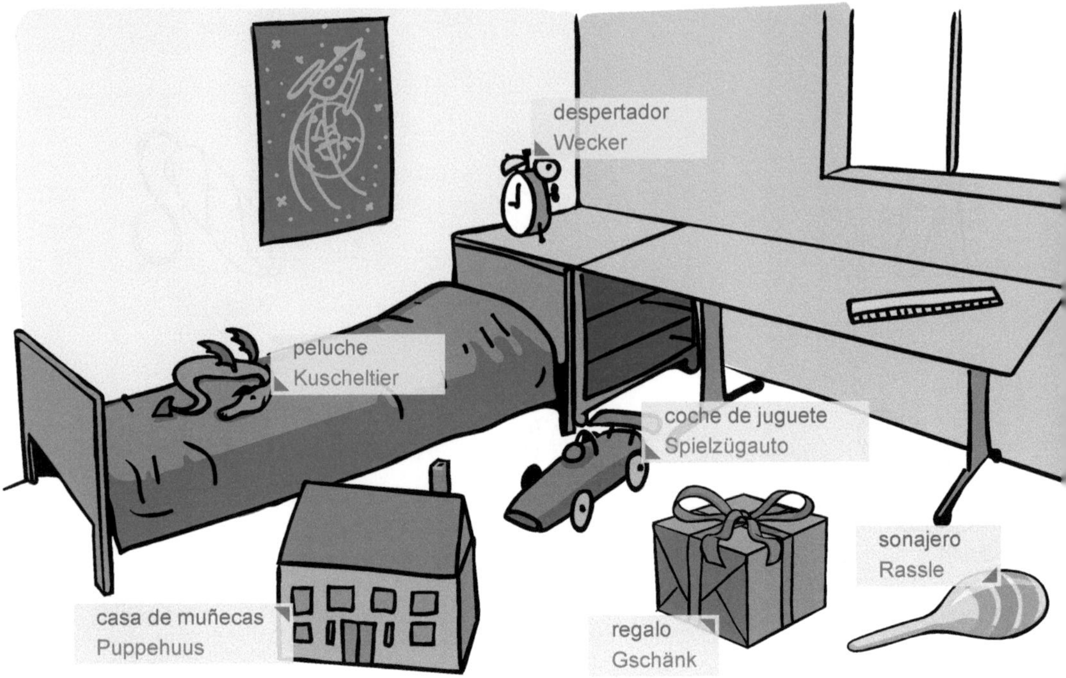

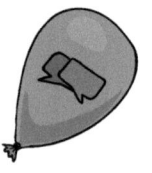

globo
Ballon

cama
Bett

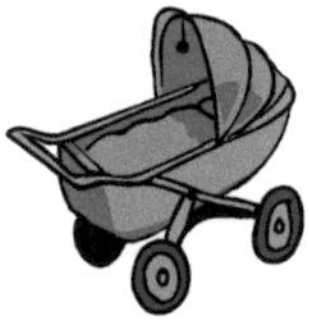

cochecito
Chinderwage

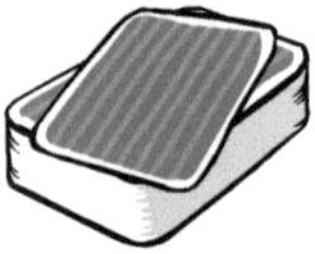

cartas
Chartespiel

rompecabezas
Puzzle

SUPER
MEGA

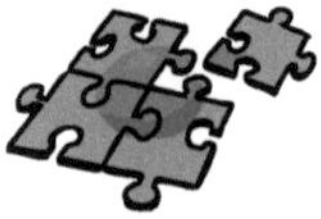

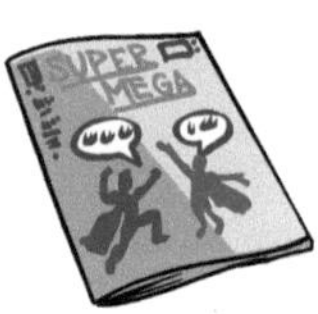

historieta
Comic

piezas de lego

Legos

ladrillos de juguete

Baustei

figura de acción

Action Figur

enterito (de bebé)

Strampli

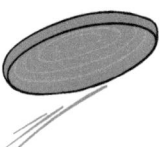

frisbee

Frisbee

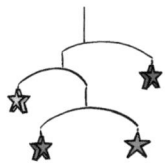

móvil para bebés

Mobile

juego de mesa

Brättspiel

dados

Würfäl

tren eléctrico

Modellisebahn

chupete

Nuggi

fiesta

Party

libro de cuentos ilustrado

Bilderbuch

pelota

Ball

muñeca

Puppä

jugar

spiele

arenero

Sandchaschte

hamaca

Gigampfi

juguetes

Spielzüg

consola de videojuegos

Videospielkonsole

triciclo

Dreirad

osito de peluche

Teddy

armario

Chleiderschrank

ropa
Chleidig

medias

Sockä

medias panty

Strümpf

calzas

Strumpfhosä

bufanda
Schal

paraguas
Rägeschirm

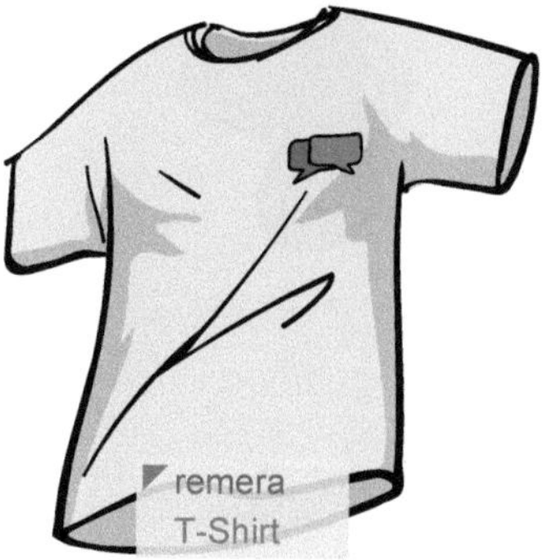

cinturón
Gürtel

remera
T-Shirt

zapatillas
Turnschueh

botas
Stiefel

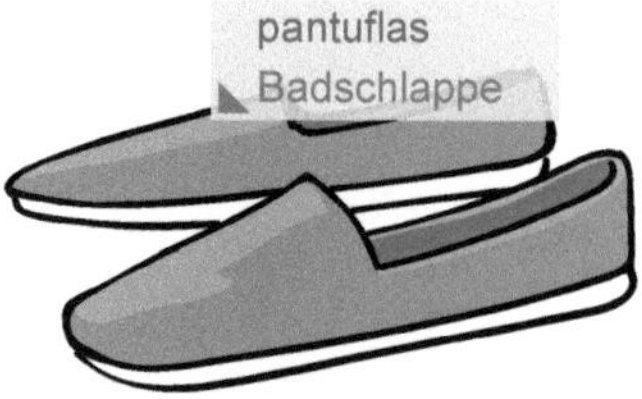

pantuflas
Badschlappe

sandalias
Sandalä

zapatos
Schueh

botas de goma
Gummistiefel

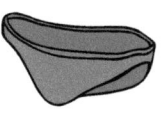

ropa interior
Untrhosä

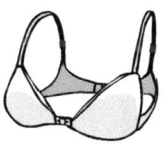

corpiño
BH

chaleco
Underlibli

body
Body

pantalones
Hosä

jeans
Jeans

pollera
Rock

blusa
Bluse

camisa
Hömli

pulóver
Pulli

buzo
Kapuzepulli

blazer
Blazer

campera
Jacke

tapado
Mantel

piloto
Rägämantel

traje
Chostüm

vestido
Chleid

vestido de novia
Hochziitskleid

traje

Ahzug

camisón

Nachthömli

pijama

Pyjama

sari

Sari

pañuelo para cabeza

Chopftuäch

turbante

Turban

burka

Burka

caftán

Kaftan

abaya

Abaya

traje de baño

Badchleid

short de baño

Badhose

shorts

churzi Hosä

jogging

Trainer

delantal

Schürze

guantes

Händsche

botón

Chnopf

anteojos

Brüllä

pulsera

Armband

collar

Chetti

anillo

Ring

aro

Ohrering

gorra

Chappe

percha

Chleiderbügel

sombrero

Huet

corbata

Grawattä

cierre

Riissverschluss

casco

Helm

tiradores

Hosäträger

uniforme escolar

Schueluniform

uniforme

Uniform

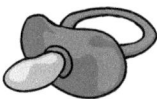

babero	chupete	pañal
Lätzli	Nuggi	Windle

oficina
Büro

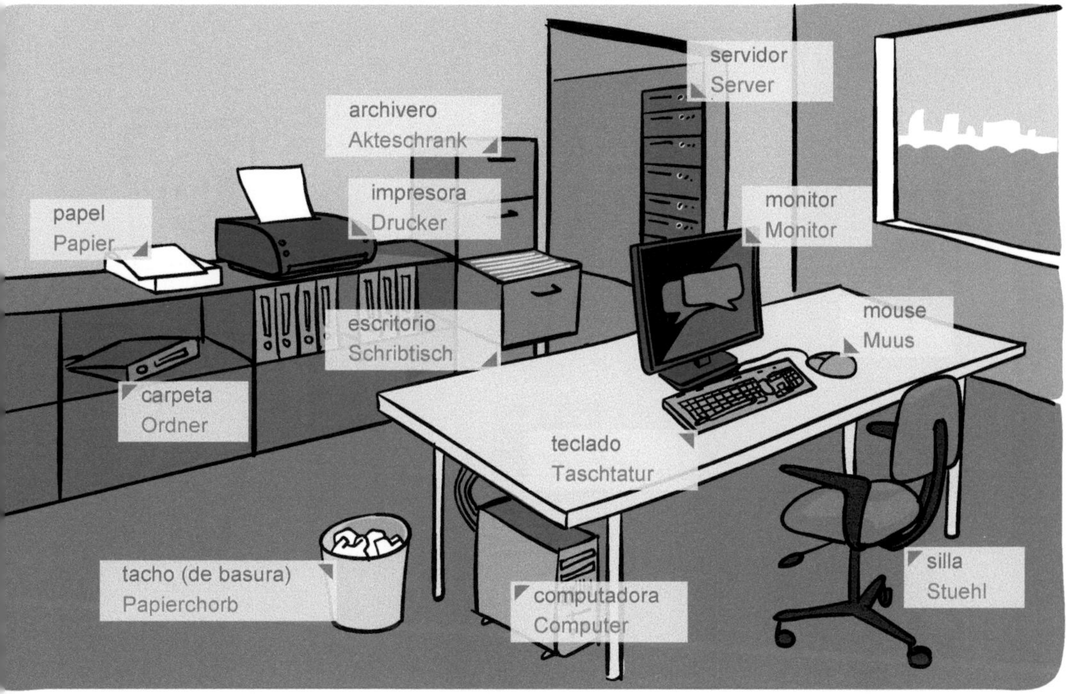

servidor
Server

archivero
Akteschrank

impresora
Drucker

papel
Papier

monitor
Monitor

escritorio
Schribtisch

mouse
Muus

carpeta
Ordner

teclado
Taschtatur

tacho (de basura)
Papierchorb

silla
Stuehl

computadora
Computer

taza de café	calculadora	internet
Kafibächer	Tascherächner	Internet

oficina - Büro   49

laptop

Laptop

carta

Brief

mensaje

Nochricht

celular

Mobiltelefon

red

Netzwärk

fotocopiadora

Kopierer

software

Software

teléfono

Telefon

tomacorriente

Steckdosä

fax

Fax

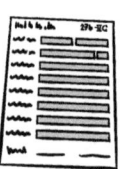

formulario

Formular

documento

Dokumänt

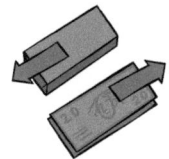

comprar

chaufe

pagar

zahle

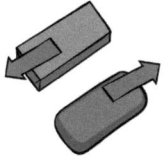

hacer negocios

handle

dinero

Gäld

dólar

Dollar

euro

Euro

yen

Yen

rublo

Rubel

franco suizo

Frankä

yuan

Renminbi Yuan

rupia

Rupie

cajero automático

Gäldautomat

casa de cambio

Wächselstube

oro

Gold

plata

Silber

petróleo

Öl

energía

Energie

precio

Priis

contrato

Vertrag

impuesto

Stüür

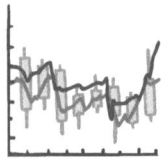

acción

Aktie

trabajar

schaffe

empleado

Mitarbeiter

empleador

Arbeitgeber

fábrica

Fabrik

negocio

Gschäft

policía
Polizischt

bombero
Füürwehrmaa

cocinero
Choch

médico
Arzt

piloto
Pilot

jardinero
Gärtner

carpintero
Zimmermah

modista
Näheri

juez
Richter

farmacéutico
Chemiker

actor
Darsteller

colectivero

Busfahrer

taxista

Taxifahrer

pescador

Fischer

mucama

Putzfrau

techista

Dachdecker

mozo

Chällner

cazador

Jäger

pintor

Moler

panadero

Bäcker

electricista

Elektriker

albañil

Bauarbeiter

ingeniero

Ingenieur

carnicero

Schlachter

plomero

Klämpner

cartero

Pöschtler

soldado

Soldat

arquitecto

Architekt

cajero

Kassierer

florista

Florischt

peluquero

Frisör

cobrador

Kontrolleur

mecánico

Mechaniker

capitán

Kapitän

dentista

Zahnarzt

científico

Wüsseschaftler

rabino

Rabbi

imán

Imam

monje

Mönch

sacerdote

Pfarrer

herramientas
Werkzüüg

martillo
Hammer
tenaza
Zangä
destornillador
Schruubedreier
linterna
Taschelampä
llave
Schrubeschlüssel

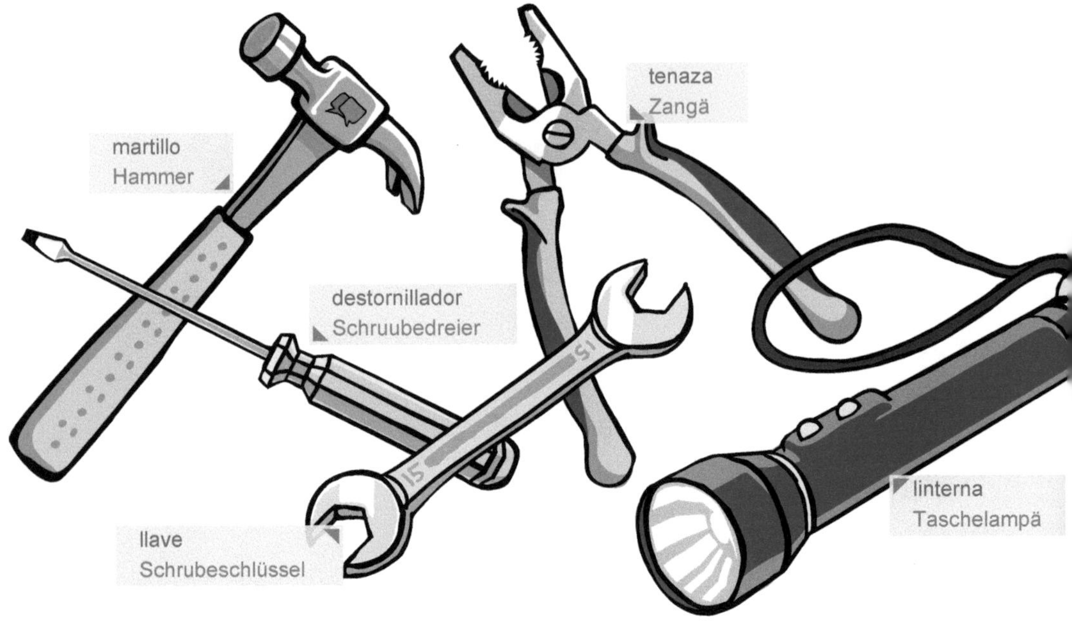

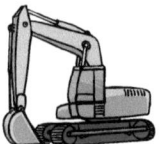

excavadora

Bagger

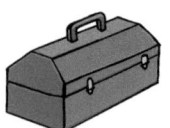

caja de herramientas

Werkzüügchaschte

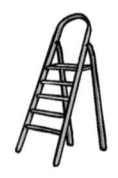

escalera portátil

Leitere

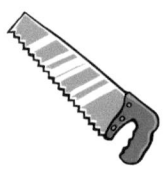

sierra

Sagi

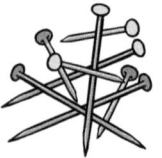

clavos

Negel

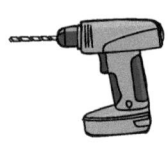

taladro

Bohrer

arreglar

flicke

pala de jardín

Schufle

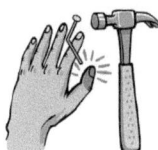

¡Qué bronca!

Mischt!

pala de plástico

Ascheschufle

tacho de pintura

Farbchübel

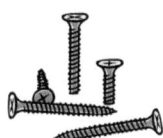

tornillos

Schruube

instrumentos musicales
Musiginstrumänt

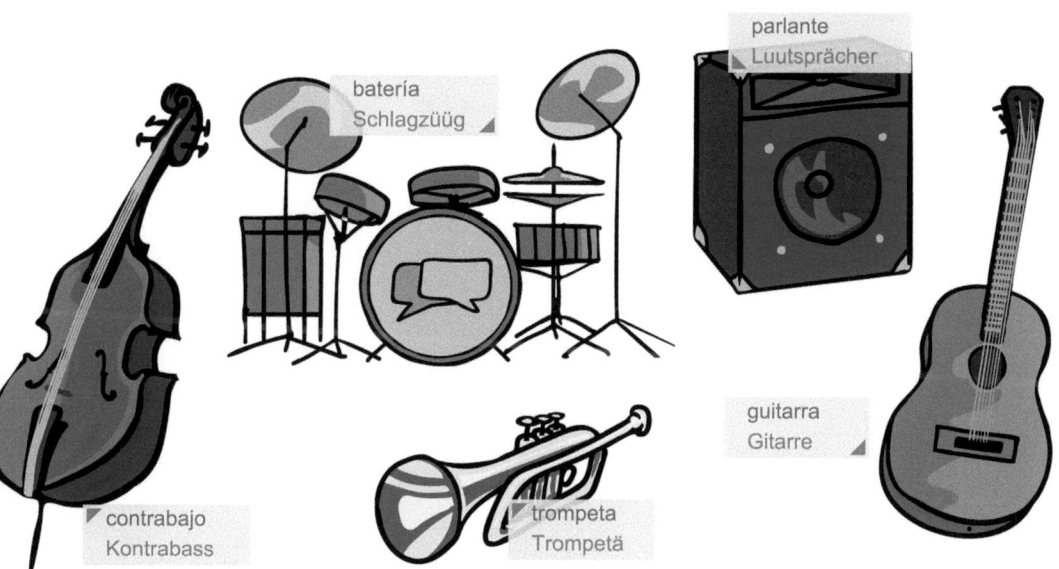

parlante
Luutsprächer

batería
Schlagzüüg

guitarra
Gitarre

contrabajo
Kontrabass

trompeta
Trompetä

piano

Klavier

violín

Violine

bajo

Bass

timbales

Pauke

tambor

Trummle

teclado

Keyboard

saxofón

Saxophon

flauta

Flöte

micrófono

Mikrofon

instrumentos musicales - Musiginstrumänt

entrada
ligang

tigre
Tiger

jaula
Chäfig

cebra
Zebra

alimento para animales
Tierfueter

oso panda
Pandabär

animales

Tier

elefante

Elefant

canguro

Känguru

rinoceronte

Nashorn

gorila

Gorilla

oso

Bär

camello	avestruz	león
Kamel	Struss	Leu

mono	flamenco	loro
Aff	Flamingo	Papagei

oso polar	pingüino	tiburón
Iisbär	Pinguin	Hai

pavo real	serpiente	cocodrilo
Pfau	Schlangä	Krokodil

cuidador del zoológico	foca	jaguar
Zoowärter	Robbä	Jaguar

poni

Pony

leopardo

Leopard

hipopótamo

Nilpfärd

jirafa

Giraff

águila

Adler

jabalí

Wildschwein

pescado

Fisch

tortuga

Schildkrot

morsa

Walross

zorro

Fuchs

gacela

Gazelle

deportes
Sport

fútbol americano
American Football

ciclismo
Velofahre

tenis
Tennis

básquet
Basketball

natación
Schwümmä

boxeo
Boxä

hockey sobre hielo
Iishockey

fútbol
Fuessball

bádminton
Badminton

atletismo
Liechtathletik

handball
Handball

esquí
Skifahre

polo
Polo

actividades
Aktivitäte

saltar
springä
abrazar
umarme
reír
lachä
caminar
gah
cantar
singe
soñar
troime
rezar
bätte
besar
küssä

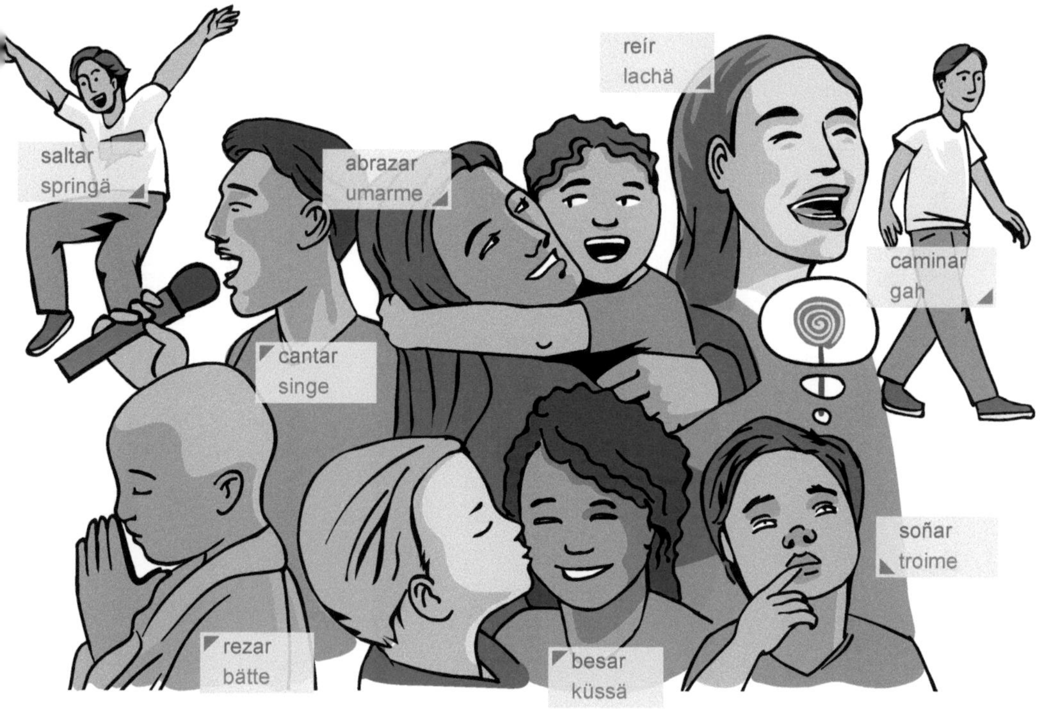

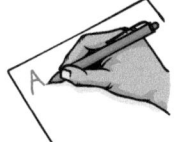

escribir

schribe

dibujar

zeichne

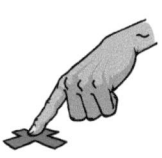

mostrar

zeige

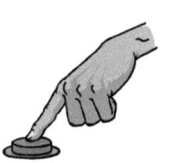

presionar

schiebe

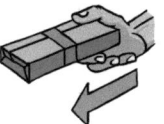

dar

gäh

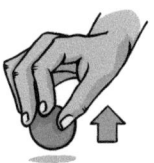

tomar

näh

tener

händ

hacer

mache

ser

sy

estar parado

stah

correr

laufe

tirar

zieh

tirar

rüerä

caer

fallä

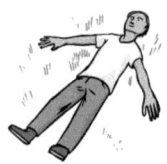

estar acostado

ligge

esperar

warte

llevar

träge

estar sentado

sitze

vestirse

ahzieh

dormir

schlafe

despertar

ufwache

mirar

ahluege

llorar

brüele

acariciar

striichle

peinar

bürste

hablar

redä

entender

verschtah

preguntar

froog

escuchar

lose

beber

trinke

comer

ässe

ordenar

ufruume

amar

liebe

cocinar

chochä

manejar

fahre

volar

flüge

navegar

segle

calcular

rächne

leer

läse

aprender

leerä

trabajar

schaffe

casarse

hürate

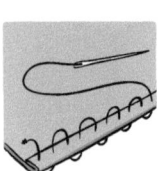

coser

näije

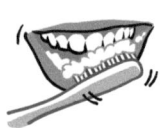

cepillarse los dientes

Zäh putze

matar

töte

fumar

schlootä

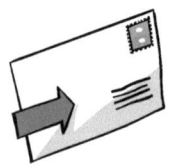

enviar

sände

abuela
Grossmuetter

abuelo
Grossvater

padre
Vatter

madre
Muetter

bebé
Baby

hija
Tochter

hijo
Sohn

invitado

Gast

tía

Tante

tío

Unkel

hermano

Brüeder

hermana

Schwöschter

cuerpo
Körpär

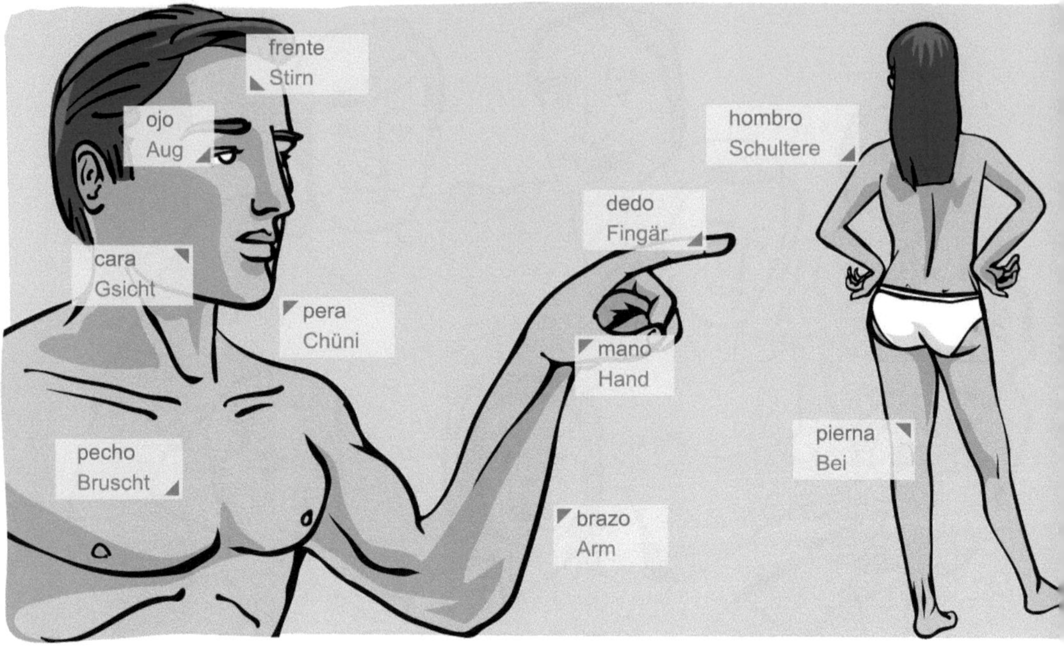

frente
Stirn

ojo
Aug

hombro
Schultere

dedo
Fingär

cara
Gsicht

pera
Chüni

mano
Hand

pecho
Bruscht

pierna
Bei

brazo
Arm

bebé
Baby

hombre
Mah

mujer
Frau

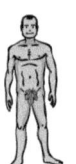

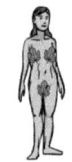

nena
Meitli

nene
Bueb

cabeza
Chopf

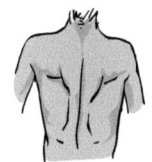

espalda

Ruggä

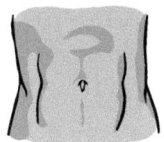

panza

Buuch

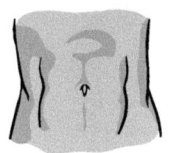

ombligo

Buchnabel

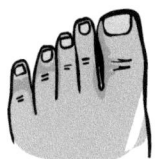

dedo del pie

Zäche

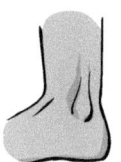

talón

Fersä

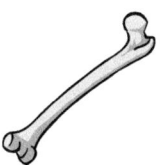

hueso

Knoche

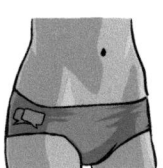

cadera

Hüfte

rodilla

Chnü

codo

Ellbogä

nariz

Nase

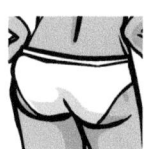

cola

Füdli

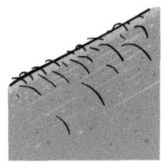

piel

Hut

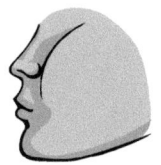

cachete

Bagge

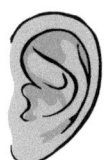

oreja

Ohr

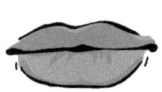

labio

Lippe

	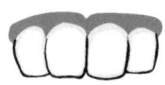	
boca	diente	lengua
Muul	Zah	Zungä
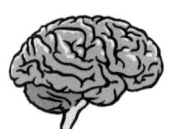	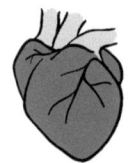	
cerebro	corazón	músculo
Hirni	Härz	Muskel
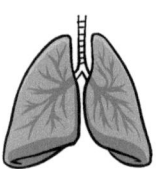		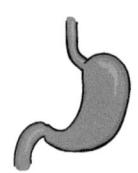
pulmón	hígado	estómago
Lungä	Läberä	Magen
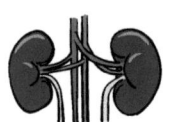		
riñones	sexo	preservativo
Nierä	Gschlächtsvrkehr	Kondom
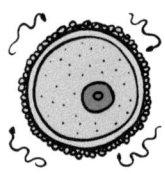		
óvulo	semen	embarazo
Eizälle	Soome	Schwangerschaft

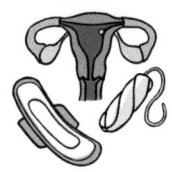
menstruación

Menstruation

vagina

Vagina

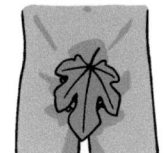
pene

Penis

ceja

Augebrauä

pelo

Haar

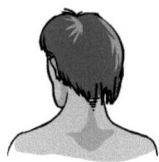
cuello

Hals

hospital
Spital

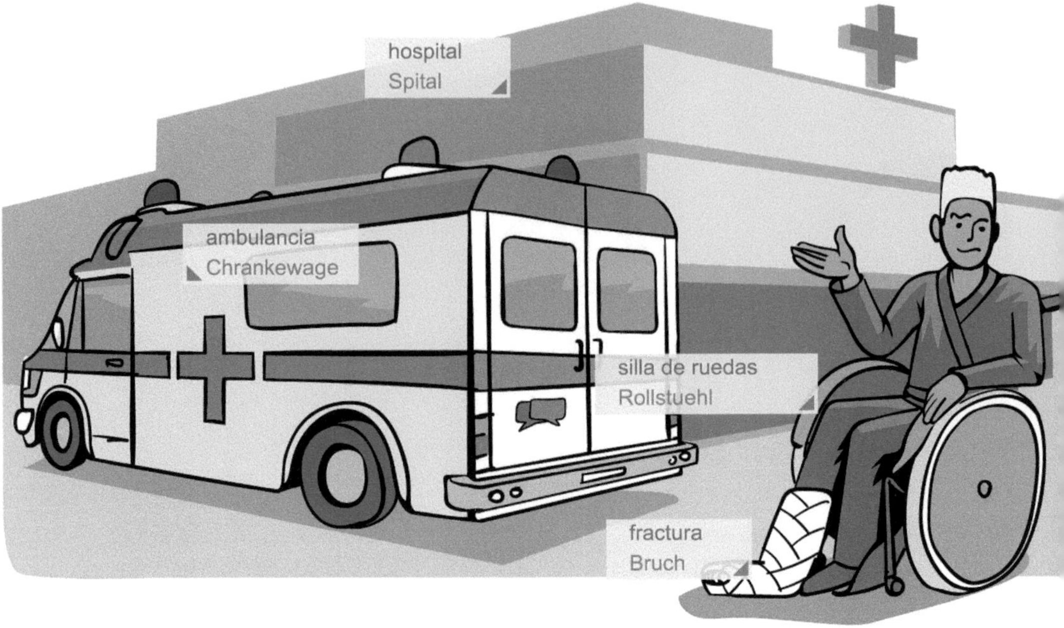

hospital
Spital
ambulancia
Chrankewage
silla de ruedas
Rollstuehl
fractura
Bruch

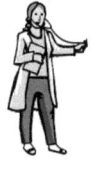

médico

Arzt

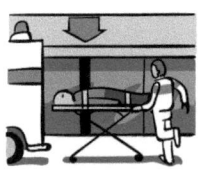

sala de guardia

Notufnahm

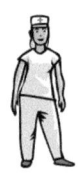

enfermera

Chrankeschwöschter

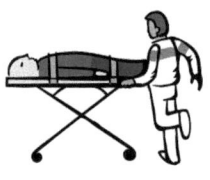

emergencia

Notfall

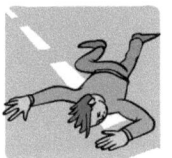

inconsciente

ohnmächtig

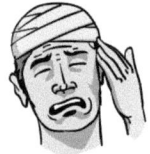

dolor

Schmärz

lesión

Verletzig

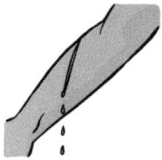

hemorragia

Bluätig

infarto

Härzinfarkt

ACV

Schlagahfall

alergia

Allergie

tos

Hueschtä

fiebre

Fieber

gripe

Grippe

diarrea

Durchfall

dolor de cabeza

Kopfschmärze

cáncer

Kräbs

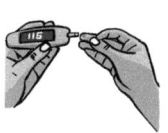

diabetes

Diabetes

cirujano

Chirurg

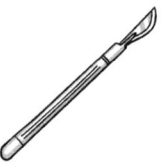

bisturí

Skalpell

operación

Operation

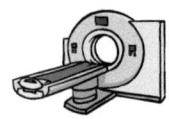	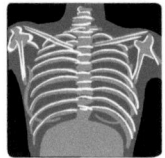	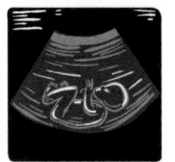
TC CT	rayos x Röntgä	ecografía Ultraschall

barbijo Gsichtsmaske	enfermedad Krankhet	sala de espera Wartezimmer
	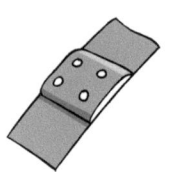	
muleta Krückä	curita Pflaster	venda Vrband
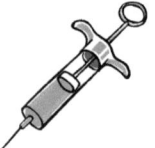	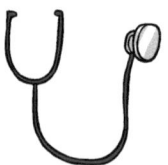	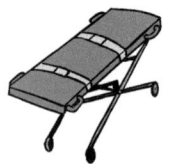
inyección Injektion	estetoscopio Stethoskop	camilla Trage

termómetro Thermometer	nacimiento Geburt	sobrepeso Übergwicht

audífono

Hörgrät

desinfectante

Desinfektionsmittel

infección

Infektion

virus

Virus

VIH / SIDA

HIV / AIDS

remedio

Medizin

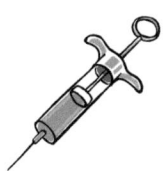

vacunación

Impfig

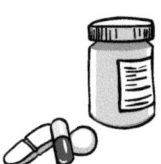

comprimidos

Tablette

pastilla anticonceptiva

Pille

llamada de emergencia

Notruef

tensiómetro

Bluetdruck-Mässgrät

enfermo / sano

chrank / gsund

¡Ayuda!

Hiufe!

alarma

Alarm

agresión

Überfall

ataque

Ahgriff

peligro

Gfohr

salida de emergencia

Notuusgang

¡Fuego!

Füür!

matafuego

Füürlöscher

accidente

Unfall

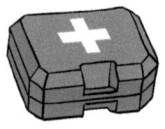

botiquín de primeros
auxilios

Ersti-Hilf-Koffer

SOS

SOS

policía

Polizei

Europa

Europa

América del Norte

Nordamerika

América del Sur

Südamerika

África

Afrika

Asia

Asie

Australia

Auschtralie

Atlántico

Atlantik

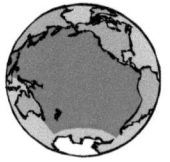

Pacífico

Pazifik

Océano Índico

Indische Ozean

Océano Antártico

Antarktische Ozean

Océano Ártico

Arktische Ozean

polo norte

Nordpol

polo sur

Südpol

Antártida

Antarktis

Tierra

Ärde

tierra

Land

mar

Meer

isla

Inslä

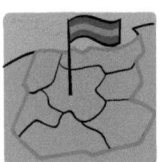

nación

Nation

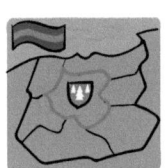

estado

Staat

esfera

Ziffereblatt

manecilla de las horas

Stundezeiger

minutero

Minutezeiger

segundero

Sekundezeiger

¿Qué hora es?

Wie spaht isch es?

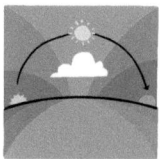

día

Tag

hora

Zit

ahora

jetzt

reloj digital

Digitaluhr

minuto

Minute

hora

Stunde

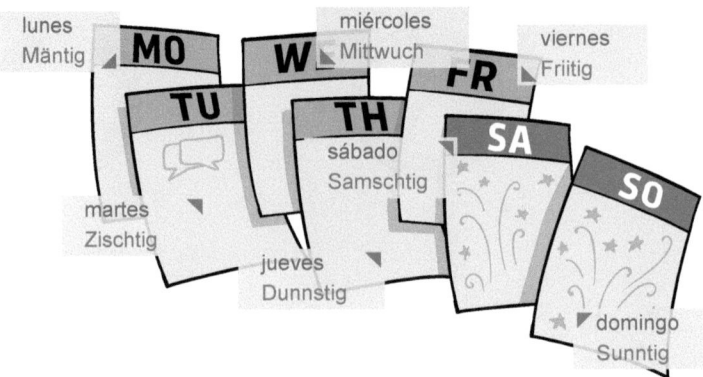

lunes — Mäntig
martes — Zischtig
miércoles — Mittwuch
jueves — Dunnstig
viernes — Friitig
sábado — Samschtig
domingo — Sunntig

ayer

geschter

hoy

hüt

mañana

morn

mañana

Morgä

mediodía

Mittag

tarde

Aabig

días hábiles

Wärktag

fin de semana

Wuchenänd

año
Johr

lluvia
Räge
arco iris
Rägeboge
nieve
Schnee
viento
Wind
primavera
Früelig
otoño
Herbscht
verano
Summer
invierno
Winter

4.APRIL 11°
5.APRIL 4°
6.APRIL 13°
7.APRIL 8°
8.APRIL 10°

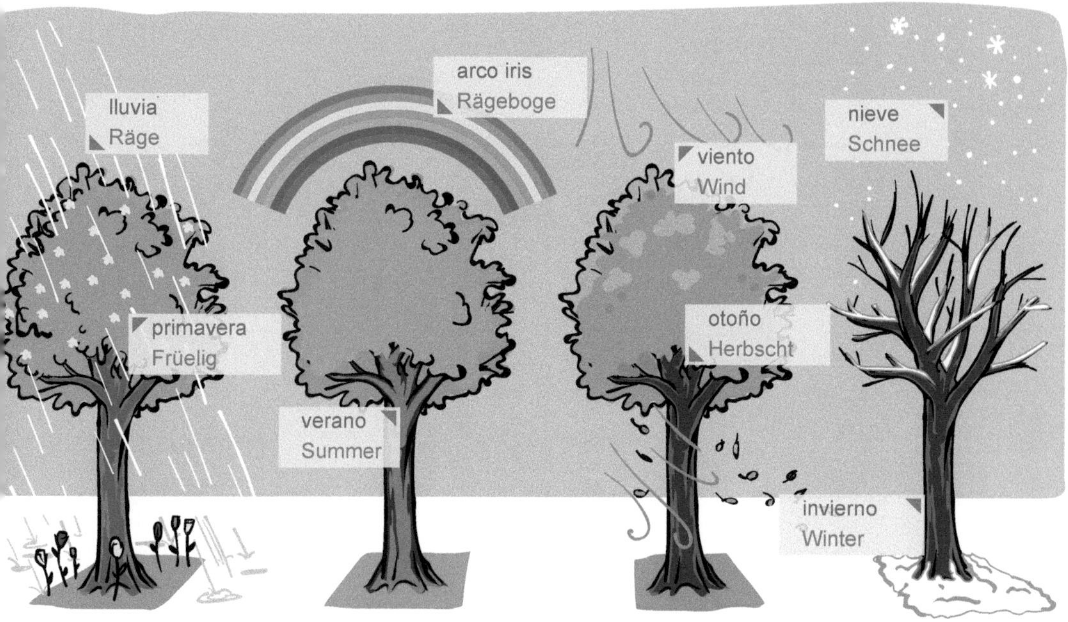

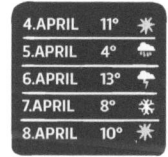

pronóstico meteorológico

Wättervorhärsag

F C
120 90 60 30 0 -30
40 30 20 10 0 -10 -20

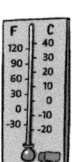

termómetro

Thermometer

luz del sol

Sunneschiin

nube

Wolkä

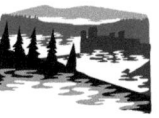

niebla

Näbel

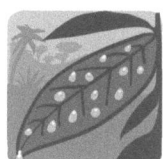

humedad

Fiechtigkeit

rayo

Blitz

trueno

Dunner

tormenta

Sturm

granizo

Hagel

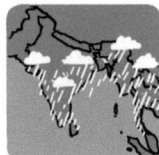

monzón

Monsun

inundación

Fluet

hielo

Iis

enero

Januar

febrero

Februar

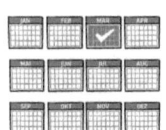

marzo

März

abril

April

mayo

Mai

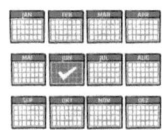

junio

Juni

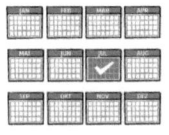

julio

Juli

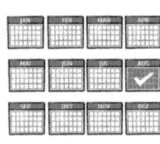

agosto

Auguscht

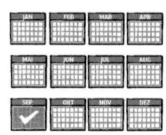

septiembre

Septämber

octubre

Oktober

noviembre

Novämber

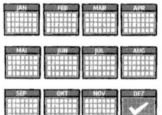

diciembre

Dezämber

formas
Forme

círculo

Kreis

cuadrado

Quadrat

rectángulo

Rächteck

triángulo

Dreieck

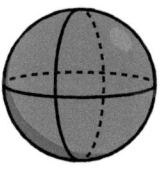

esfera

Chugele

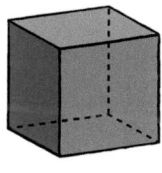

cubo

Würfel

colores
Farbä

blanco

wiss

amarillo

gäl

naranja

orange

rosa

pink

rojo

rot

violeta

liila

azul

blau

verde

grüen

marrón

bruun

gris

grau

negro

schwarz

mucho / poco

viel / wenig

enojado / tranquilo

hässig / ruhig

lindo / feo

hübsch / hässlich

principio / fin

Ahfang / Ändi

grande / chico

gross / chli

claro / oscuro

hell / dunkel

hermano / hermana

Brüeder / Schwöschter

limpio / sucio

suuber / dräckig

completo / incompleto

vollständig / unvollständig

día / noche

Tag / Nacht

muerto / vivo

tot / läbig

ancho / angosto

breit / schmal

comestible / no comestible

ässbar / nid ässbar

malo / amable

bös / fründlich

entusiasmado / aburrido

uffreggt / glangwilt

gordo / flaco

dick / dünn

primero / último

zerscht / zletscht

amigo / enemigo

Fründ / Find

lleno / vacío

voll / läär

duro / blando

hart / weich

pesado / liviano

schwer / liecht

hambre / sed

Hunger / Durscht

enfermo / sano

chrank / gsund

ilegal / legal

illegal / legal

inteligente / estúpido

intelligänt / gatz

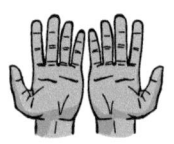

izquierda / derecha

links / rächts

cerca / lejos

nöch / wiit weg

nuevo / usado

neu / bruucht

nada / algo

nüt / öpis

viejo / joven

alt / jung

encendido / apagado

ah / uss

abierto / cerrado

offe / zue

silencioso / ruidoso

lislig / luut

rico / pobre

riich / arm

correcto / incorrecto

richtig / falsch

áspero / suave

rau / glatt

triste / contento

truurig / glücklich

corto / largo

churz / lang

lento / rápido

langsam / schnäll

mojado / seco

nass / trochä

caliente / frío

warm / chalt

guerra / paz

Chrieg / Friede

números

Zahlä

0
cero
Null

1
uno
eis

2
dos
zwei

3
tres
drü

4
cuatro
vier

5
cinco
foif

6
seis
sächs

7
siete
sibe

8
ocho
acht

9
nueve
nün

10
diez
zäh

11
once
elf

12

doce

zwölf

13

trece

drizäh

14

catorce

vierzäh

15

quince

füfzäh

16

dieciséis

sächzäh

17

diecisiete

siebzäh

18

dieciocho

achtzäh

19

diecinueve

nünzäh

20

veinte

zwänzg

100

cien

Hundert

1.000

mil

Tuusig

1.000.000

millón

Million

idiomas
Sprache

inglés

Änglisch

inglés americano

Amerikanischs Änglisch

chino mandarín

Chinesisch Mandarin

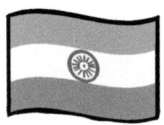

hindi

Hindi

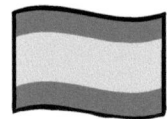

español

Spanisch

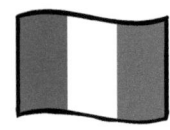

francés

Französisch

árabe

Arabisch

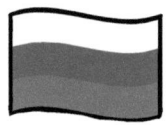

ruso

Russisch

portugués

Portugiesisch

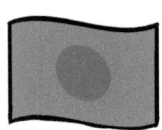

bengalí

Bengalisch

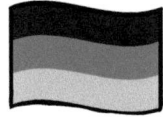

alemán

Dütsch

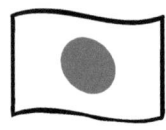

japonés

Japanisch

yo

ich

vos

du

él / ella

är / sie / es

nosotros

mir

ustedes

ihr

ellos

sie

¿quién?

wär?

¿qué?

was?

¿cómo?

wie?

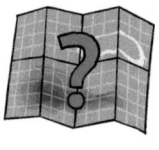

¿dónde?

wo?

¿cuándo?

wänn?

HELLO, I AM

nombre

Name

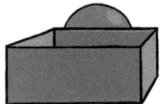

detrás

hinder

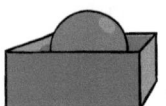

en

in

adelante de

vor

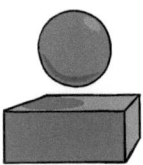

por encima de

über

sobre

uf

debajo de

under

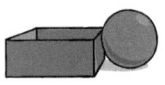

al lado de

näbe

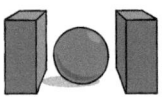

entre

zwüsche

lugar

Ort